W0207802

Christa Spilling-Nöker

Am Himmel steht der Abendstern

Lichte Gedanken zur guten Nacht

EINLADUNG

Der Abend ist eine besondere Zeit. Die Mühen des Tages sind vorüber, jetzt brauchen wir Stunden zur Erholung: eine Dusche, das Anlegen bequemer Kleidung, das Richten eines Abendessens. Sicher tut hin und wieder ein schöner Film im Fernsehen gut, um abzuschalten, manchmal auch ein Telefonat mit einem lieben Menschen. Ein geselliger Abend mit Freundinnen und Freunden kann uns heiter stimmen. Vielleicht haben wir gelegentlich aber auch Lust auf einen Abendspaziergang, bei dem wir in Gedanken das verarbeiten können, was uns am Tag beschäftigt hat. Auch unsere Lieblingsmusik kann uns erfrischen. Oder wir genießen einfach die Stille daheim, schreiben einen Brief oder ein Gedicht, versinken in Erinnerungen und lauschen in der anbrechenden Dunkelheit auf die Stimme unseres Herzens.

Dieses Buch möge Sie dazu anregen, Ihren ‚Abendgedanken' nachzuträumen und Ihre verborgenen Wünsche und Sehnsüchte dem Himmel anzuvertrauen. Ich wünsche Ihnen einen gesegneten Abend und eine behütete Nacht.

Christa Spilling-Nöker

ABENDSTERN

Vertraue dem Abendstern
deine Träume an.
In aller Verschwiegenheit
nimmt er sie mit
auf seinem Weg
zum Himmel.
Dort sind sie behutsam
verborgen,
bis sich dir der ein
oder andere
zärtlich erfüllt.

LEUCHTENDE KRAFT

Wolken wehen
über den Abendhimmel,
Licht und Dunkelheit
tauschen die Farben,
bis die ersten Sterne
aufblitzen –
nichts hindert sie mehr
an ihrer leuchtenden
Kraft.

ABENDGLOCKEN

Wenn die Glocken
den Abend einläuten,
die Arbeit
aus den Händen legen,
tief durchatmen,
Ruhe
einkehren lassen,
um sich wieder
zu sammeln,
und in der Seele
Frieden finden,
bis zu später Stunde
die Nachtigall
schlägt.

LATERNEN

Wenn die Laternen
ihr fahles Licht ausstreuen
und die letzten Schritte
auf dem Asphalt verklingen,
wird es still
in den Straßen.
Die Dunkelheit
schleicht sich sanft
über Stadt und Land,
und der Mond
schenkt deinen Träumen
ein Lächeln.

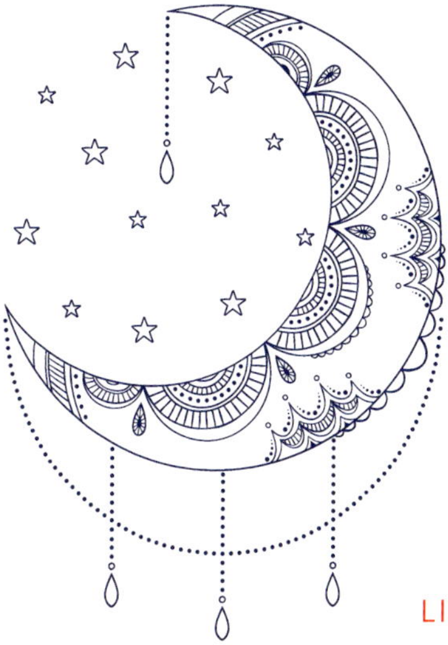

LICHTGEDANKEN

Müde
bin ich geworden,
die Last des Tages
erdrückt,
ungelöste Fragen
wanken
gespenstergleich
durch mich hindurch,
wollen sich nicht
vertreiben lassen.
Welcher Stern
streut mir
Lichtgedanken
in mein suchendes
Herz?

DEN TAG DURCHWANDERN

In aller Stille
den verflossenen Tag
durchwandern:
Was hat dich gekränkt
und verletzt,
welche Worte und Gesten
haben deine Seele
umarmt?
Das Schmerzhafte
Atemzug um Atemzug
loslassen
und das Beglückende
mit in die Nacht nehmen,
damit es dich
auch im Schlaf noch
selig durchträumt.

DANKEN

Ich sinke sacht
in den Abend hinein,
pflücke mir Sterne
vom Himmel,
liebkose die Wolken
und danke
für jeden Funken
der Freude
an dem vergangenen
Tag.

LIEBE ZUM LEBEN

Am Abend
sich des Tages
entkleiden.
Die Sorgen ablegen
wie einen schweren,
durchnässten Mantel,
sich in die lichtvollen
Augenblicke
der vergangenen Stunden
hüllen
wie in ein zartes Gespinst
aus Seide –
und die Liebe zum Leben
umarmen.

ABENDLIED

Manchmal
holt er mich ein,
der Klang eines Abendliedes,
vor Jahren gesungen,
weit über die Hügel
hinweg.
Wehmütig
denke ich zurück
an eine Zeit,
die niemals mehr
wiederkehrt.

SCHWEIGEN

Feuerballgleich
versinkt die Sonne
am Horizont,
die Luft
wird leise,
erste Sterne
winken vom Himmel,
und du schweigst dich
dem Dunkel
entgegen.

NACHTGEHEIMNIS

In der blauen Stunde
zwischen Tag und Traum
noch einmal
Lichtworte
in sich aufleuchten lassen –
Freudefunken
zwischen all dem Dunkel
irren Tagesgeredes.
Nimm sie mit
in den Schlaf –
als dein Nachtgeheimnis.

WIE ROSEN

Heute
hat mich ein Brief
erreicht –
Worte
wie Rosen.
Ich lege ihn
an mein Bett,
lese ihn immer
und immer wieder –
Glück
lächelt mich sacht
in den Schlaf.

SEHNSUCHT

Die Konturen des Tages
versinken
im Abendnebel.
Der letzte Schrei
einer Krähe
über dem Schilf,
dann verschweigt sich
die Welt,
und du verlierst dich
in deiner zärtlichen
Sehnsucht.

HINTER DEN ZWEIGEN

Hinter den Zweigen
der Mond.
Gütig lächelt er dir
lichten Glanz
in deine Träume –
flüstert dir
Märchen ins Herz –
die Schwärze der Nacht
hat ihren Freund
gefunden.

HINEINWIEGEN

Noch ein Lied hören,
ein Gedicht lesen,
und in den Tönen
und Worten
versinken,
bis dich
ihr poetischer Zauber
hineinwiegt
in einen geruhsamen
Schlaf.

TRAUMLAND

Rosarot
die Wolken
am Himmel –
Nachtgedanken
fliegen dir
nach und nach zu,
Stille durchwebt dich,
lässt deine Worte
leise werden,
lädt dich sanft ein
in das Traumland
himmlischen Lichts.

ROSEN

Leiser werden,
die Träume
in den Räumen
ausbreiten
und darauf hoffen,
dass morgen
zwischen den Sternen
Rosen blühn.

ABENDSPAZIERGANG

Zu später Stunde
noch einen Weg gehen,
sich vom Spiel
der Nachtfalter
verzaubern lassen,
heimliches Staunen
über den Spiegel
der sinkenden Sonne
im See –
bis sich die Nacht
in ihr schwarzes Gewand
gehüllt hat.

TRAUMSTILLE

Traumstille
in dich einatmen,
behutsam
durchwärmt sie
deine Einsamkeit,
Tränen trocknen
hinter verschlossenen
Lidern,
Hoffnung
durchweht die Nacht –
der neue Tag
wird dich zärtlich
umfangen.

IM STERNENBETT

Das Mondlicht
küsst mir
nächtlichen Frieden
in das aufgewühlte,
unruhige Herz.

Der Schlaf verspricht,
mir Gesellschaft
zu leisten,
bis mich das Morgenrot
weckt.

Ich vertraue
den Wunderworten
und lege mich
in das Sternenbett.

NACHTWIND

Stille erlauschen,
dem Mond
sein Schweigen gönnen,
wenn der Nachtwind
durch die Baumwipfel streicht.
Aufatmen,
sich selbst spüren
und darin Ewigkeit schmecken
in jedem Augenblick
der verrinnenden Zeit.

INNEHALTEN

Innehalten,
bei sich selbst
einkehren,
den Tönen
nachspüren,
die aus dem Licht
perlen,
und sich
einschwingen
in den
Wohlklang
des Schweigens.

ZUVERSICHT

Vorüber der Tag
und die Furcht
vor den bitteren
Stunden.
Sanftmütig
atmet mir der Abend
Zuversicht ins Herz,
schenkt meiner Seele
ein Lächeln,
meine Worte
werden wieder leicht,
und die Töne
sammeln sich
zu dankbaren Liedern.

PARADIES DER STILLE

Der Sonne
„Gute Nacht“ sagen,
wenn sie glühend
am Horizont versinkt,
es den Blütenkelchen
gleichtun,
die ihre Blätter
im Dämmerlicht schließen,
dich ganz bei dir selbst
einfinden –
und im Paradies der Stille
versinken.

WIEGENLIED

Das Wiegenlied
kindlicher Tage
noch einmal
erlauschen,
sich in die Muttersehnsucht
einschwingen
und in Erinnerungen
an bergende Liebe –
„von Rosen besteckt“
klingt es zart
durch das Herz –
und der Mond
lächelt still.

ABENDGEWITTER

Abendgewitter –
die schwüle Luft
atmet auf,
leichtfüßig jetzt
die Gedanken,
sie durchtanzen
den verflossenen Tag,
wehen von Licht
zu Schatten
zu Licht –
was hell war
und heiter
soll bleiben.

NACHTZAUBER

Dem Rauschen
des Grases lauschen,
wenn es sich
im Abendwind wiegt,
hier und da
ein Grillenkonzert –
Sternschnuppentaumel
lässt Wünsche
zum Himmel wehen –
der Nachtzauber
hält dich
in seinem Bann.

MONDLIEDER

Mondlieder
schenken mir
ihren Duft,
wecken Erinnerungen,
rufen Sehnsüchte wach,
lassen mich auf
ein Schiff hoffen,
das mich
ankommen lässt
in dem Hafen
des Sternlichts.

GESÄTTIGT

Zu dunkler Stunde
die Lampen anzünden,
hinter verschlossenen Läden
ein Abendgeflüster –
Brot und Wein
miteinander geteilt –
und den Tag
an Leib und Seele
gesättigt
aus den Händen legen.

STERNLEUCHTEN

Sternleuchten
umweht dich
in der Abendkühle.
Die Dämmerung
atmet dir
Frieden ins Herz,
lässt die
Mühen des Tages
ins Dunkel
entschwinden.
Die letzte Schwalbe
sucht ihr Nest –
nun lass auch du dich
von der Nacht betten
zu einem behüteten
Schlaf.

MONDLICHT

Die Lampen löschen,
sich in die Federn
kuscheln
und das Mondlicht küssen,
das ganz allmählich
durch das Fenster schleicht;
es zeichnet
Schatten ab –
die Nacht hat
selbst im Zimmer
ihren eigenen Zauber.

GÖTTLICHES LICHT

Zu viel der Last,
die es heute
zu tragen galt,
erdrückt von Sorgen
finde ich keinen Schlaf.
Ich sehne mich
nach dem Glanz
göttlichen Lichts,
nach der Quelle,
die mich tränkt,
nach dem Engel,
der mir seinen Trost
sanft
in den Schoß legt.

NACHTENGEL

Der Nachtengel
möge dich in
deinen Traurigkeiten
und deinem Kummer
liebevoll trösten,
damit du deinen Schmerz
ausatmen,
so tief ausatmen kannst,
bis du empfänglich wirst
für seine lichtvolle,
beflügelnde
Kraft.

VOLLER HOFFNUNG

Nachts
die Träume
wachküssen,
die in den Kissen
schlafen,
sich vom Gespinst
ihres Zaubers
umgarnen lassen
und ahnen,
dass die Bäume noch
voller Hoffnung
hängen.

VERWUNDETE ZEIT

Einsam
und verloren
in der Dunkelheit,
selbst die Sterne,
sonst treue Gefährten
der Nacht,
halten sich heute
verborgen.
Schatten
umwölken den Himmel,
bitter die Klagelieder –
wer tröstet mich
in dieser verwundeten
Zeit?

GETRAGEN

Hinter den Wolken
der lächelnde Himmel,
er will dir
seinen Segen sanft
in deine Kümmernisse
hauchen,
damit du leise
etwas ahnen kannst
von der Macht
göttlichen Seins,
das dich behutsam
durch die Nacht
tragen wird.

FREI WERDEN

Am Abend
die Hände weit öffnen
wie Schalen,
damit ihnen entfliehen kann,
was sie an sich binden
und festhalten wollen,
empfänglich schließlich
für die unendliche Fülle
himmlischen Segens,
für die Kraft,
die Erlösung und
Güte schenkt.

TRAUMENGEL

Es ist ein Segen,
wenn du
die vergangenen Stunden
nach und nach
abstreifen darfst,
um in dir selbst
zu ruhen.
Die Lichter im All
mögen dich lächelnd
umschweigen –
Traumengel
tragen deine Gebete
auf ihren glänzenden Flügeln
weit hinauf
in eine andere Welt.

MIX
Papier aus verantwortungsvollen Quellen
FSC
www.fsc.org
FSC® C043106

Zur Autorin:
Christa Spilling-Nöker, geboren in Hamburg, Dr. phil., Pfarrerin der badischen Landeskirche a. D. mit pädagogischer und tiefenpsychologischer Ausbildung, Sie lebt heute als Schriftstellerin in Ettlingen. Ihr poetisches und erzählerisches Talent hat sie zu einer der beliebtesten Autorinnen inspirierender Texte gemacht. Sie veröffentlicht seit mehr als zwei Jahrzehnten im Verlag am Eschbach.

Von Christa Spilling-Nöker sind im Verlag am Eschbach unter anderem erschienen:
Ich wünsch dir Weihnachten voll Licht (70589)
Die Rose und der Rittersporn. Geschichten für zwei, die sich lieben (70529)
Der Himmel ist in dir. Segensworte (70450)
Ich wünsch dir einen schönen Tag (70503)
Jeder Augenblick zählt (70470)
Komm, mein Engel, komm (70436)
Ein Korb voller Glück (70365)
Bleib, wie du bist (70289)
Dann wird dein Leben wie ein Fest (70272)

Bildnachweis:
Irbena (Umschlag, Vorsatz, S. 1, 2, 5, 10/11, 17, 18/19, 24/25, 28/29, 32/33, 37), **Katerina Isotova Art Lab** (S. 5, 11, 13, 17, 23, 26, 29, 33), **meow_meow** (S. 7, 14, 20/21, 35), **fears** (S. 8/9, 12/13, 22/23, 26/27, 30/31, 33-35, 39), **Nastasi** (S. 11), alle shutterstock.

ISBN 978-3-86917-559-1
© 2017 Verlag am Eschbach,
ein Unternehmen der Verlagsgruppe Patmos
in der Schwabenverlag AG, Ostfildern
Im Alten Rathaus/Hauptstraße 37
D-79427 Eschbach/Markgräflerland
Alle Rechte vorbehalten.

www.verlag-am-eschbach.de

Gestaltung, Satz und Repro: Angelika Kraut, Verlag am Eschbach
Schriftvorlagen: Ulli Wunsch, Wehr
Herstellung: Grafisches Centrum Cuno GmbH & Co. KG, Calbe

Manufakt
Dieser Baum steht für umweltschonende Ressourcenverwendung, individuelle Handarbeit und sorgfältige Herstellung.